Najlepszy przewodnik po sokach owocowych

100 PROSTYCH, PYSZNYCH I ODŻYWCZYCH PRZEPISÓW NA SOKI, KTÓRE POPRAWIĄ TWOJE ZDROWIE I ENERGIĘ

Albert Nowicki

Wszelkie prawa zastrzeżone.

Zastrzeżenie

Informacje zawarte w tej książce elektronicznej mają służyć jako kompleksowy zbiór strategii, nad którymi autor tej książki elektronicznej przeprowadził badania. Podsumowania, strategie, wskazówki i triki są jedynie rekomendacjami autora, a przeczytanie tej książki elektronicznej nie gwarantuje, że czyjeś wyniki będą dokładnie odzwierciedlać wyniki autora. Autor książki elektronicznej dołożył wszelkich starań, aby zapewnić czytelnikom książki elektronicznej aktualne i dokładne informacje. Autor i jego współpracownicy nie ponoszą odpowiedzialności za jakiekolwiek niezamierzone błędy lub pominięcia, które mogą się znaleźć. Materiał w książce elektronicznej może zawierać informacje pochodzące od osób trzecich. Materiały pochodzące od osób trzecich składają się z opinii wyrażonych przez ich właścicieli. W związku z tym autor książki elektronicznej nie ponosi odpowiedzialności za materiały ani opinie osób trzecich. Niezależnie od tego, czy z powodu postępu Internetu, czy nieprzewidzianych zmian w polityce firmy i wytycznych dotyczących przesyłania materiałów redakcyjnych, to, co jest podane jako fakt w momencie pisania, może stać się nieaktualne lub nieobowiązujące później.

Książka elektroniczna jest chroniona prawem autorskim © 2024 ze wszystkimi prawami zastrzeżonymi. Nielegalne jest redystrybuowanie, kopiowanie lub tworzenie prac pochodnych z tej książki elektronicznej w całości lub w części. Żadna część tego raportu nie może być powielana ani retransmitowana w jakiejkolwiek formie bez pisemnej i podpisanej zgody autora.

SPIS TREŚCI

SPIS TREŚCI..4

WSTĘP..8

WYCISKANIE SOKÓW DLA POCZĄTKUJĄCYCH...............9

    1. Sok Zielonej Bogini...10
    2. Sok imbirowo-zingerowy..................................12
    3. Sok Tropi-Kale..14
    4. Sok wzmacniający odporność.........................16
    5. Sok z jarmużu Kickstart...................................18
    6. Sok chłodzący z ogórka...................................20

SOKOWANIE W CELU ODCHUDZANIA........................22

    7. Sok z granatu...23
    8. Sok z arbuza...25
    9. Sok grejpfrutowy..27
    10. Sok z marchwi..29
    11. Sok z kapusty...31
    12. Sok z ogórka...33
    13. Mieszanka soków z zielonych owoców i warzyw......35
    14. Mieszanka soków z korzeni, liści i owoców..............38
    15. Mieszanka soków tropikalnych.....................41
    16. Słodko-kwaśna mieszanka soków................44
    17. Mieszanka soku pomarańczowego Detox...............47
    18. Orzeźwiająca mieszanka soków....................50
    19. Mieszanka soków Lemonade Blitz...............53
    20. Mieszanka soków Morning Glory.................56
    21. Mieszanka soków Red Hot............................59
    22. Mieszanka cytrusowo-borówkowa................62
    23. Sok arbuzowo-pomarańczowy......................64

24. Specjalność z buraków jagodowych..........66
25. Sassy Snack..........68
26. Koktajl na cel wagowy..........70
27. Poncz jabłkowo-arbuzowy..........73
28. Słodki shake..........75
29. Super Koktajl na Odchudzanie..........77
30. Poczuj spalacz tłuszczu Burn..........79
31. Rozbijacz cellulitu..........81
32. Rozkosz z grejpfruta i rzeżuchy..........83
33. Sok na odchudzanie Tropic..........85
34. Sok malinowo-jabłkowy..........87
35. Sok z jicamy..........89
36. Pomarańczowa Bonanza..........91
37. Odświeżacz miętowy..........93

SOKOWANIE DLA SYSTEMU ODPORNOŚCIOWEGO..........95

38. Soki cytrusowe..........96
39. Sok pomidorowy..........99
40. Mieszanka soków ABC..........101
41. Mieszanka soków słonecznych..........104

WYCISKANIE SOKÓW NA LEPSZE TRAWIENIE..........106

42. Sok z cytryny..........107
43. Sok ze śliwek..........109
44. Mieszanka soków antyoksydacyjnych..........111
45. Mieszanka soków Go Green..........114

SOKOWANIE NA REGULACJĘ HORMONALNĄ..........117

46. Warzywa krzyżowe..........118
47. Sok z wiśni kwaśnej..........120
48. Mieszanka soków pomarańczowych..........123

SOKOWANIE W CELU DETOKSYKACJI..........126

49. Sok jabłkowy..........127
50. Mieszanka soków detoksykujących..........130

51. Mieszanka soku imbirowego i warzywnego............133
52. Specjalny detoks....................136
53. Barszcz w szklance..................138
54. Zielone, efektowne..................140
55. Moc granatu.......................142
56. Wspomaganie oczyszczania organizmu...................144
57. Człowiek z żelaza..................146
58. Całkowity detoks organizmu..............148
59. Oczyszczanie marchewką..............150
60. Koktajl z karczochów i kolendry................152
61. Detoks C-Water....................154
62. Oczyszczająca dieta z papają i truskawkami............156
63. Koktajl jabłkowo-ogórkowy................158
64. Koktajl z awokado..................160
65. Środek czyszczący Minty Melon...............162
66. Magia żurawinowego jabłka................164
67. Oczyszczanie kapustą i jarmużem...............166
68. Jamtastyczny......................168
69. Tygiel............................170
70. Cydr cynamonowy..................172
71. Oczyszczanie warzywami korzeniowymi...............174
72. Herbata Mango....................176
73. Pij swoje warzywa..................178
74. Detoksykujący....................180
75. Wizja............................182
76. Słodka marchewka..................184

WYCISKANIE SOKÓW W CELU SPOWOLNIENIA PROCESU STARZENIA SIĘ....................186

77. Sok z czerwonych winogron................187
78. Sok z ogórka......................189
79. Mieszanka soków „Młoda i Świeża"................191
80. Mieszanka soków różowo-młodzieńczych............193

SOKOWANIE DLA ZDROWEGO CIAŁA....................196

81. Wybuch jagód..197
82. Sok pomarańczowo-truskawkowy.........................199
83. Sok pomarańczowo-bananowy.............................201
84. Pikantny ogórek...203
85. Maszyna do fasoli..205
86. Mocny cios..207
87. Super sok warzywny..209
88. Mistrz buraków..211
89. Borówka i jabłko..213
90. Energizer..215
91. Zabawa w sałatę...217
92. Najlepsze z obu światów.....................................219
93. Prosta przyjemność..221
94. Czerwony, biały i czarny......................................223
95. Koktajl z ananasa i selera...................................225
96. Poncz miodowo-ogórkowy..................................227
97. Magiczna Medycyna...229
98. Noc w mieście Tonic...231
99. Sok żurawinowy..234
100. Sok z granatu...236

WNIOSEK..**239**

WSTĘP

Soki owocowe to naturalny sposób na odświeżenie, odżywienie i dodanie energii Twojemu ciału. Pełne niezbędnych witamin, minerałów i przeciwutleniaczy, te napoje są nie tylko pyszne, ale także oferują szereg korzyści zdrowotnych. Niezależnie od tego, czy chcesz się odtruć, wzmocnić odporność, czy po prostu cieszyć się smakołykiem, soki owocowe są wszechstronną i łatwą w przygotowaniu opcją. Od tropikalnych mieszanek po zielone elektrownie, ta kolekcja przepisów na soki owocowe zainspiruje Cię do kreatywności w kuchni i cieszenia się żywymi smakami natury w każdym łyku. Zanurzmy się w świecie orzeźwiających, rewitalizujących soków owocowych!

WYCISKANIE SOKÓW DLA POCZĄTKUJĄCYCH

1. Sok Zielonej Bogini

Składniki

- 3 łodygi selera
- 1/2 dużego ogórka pokrojonego w ćwiartki
- 1 średnie zielone jabłko pokrojone na ósemki
- 1 średnia gruszka pokrojona w ósemki

a) Wyciśnij wszystkie składniki zgodnie z instrukcją normalnego wyciskania soków podaną w instrukcji obsługi wyciskarki.

b) Wypij od razu lub odstaw na godzinę do ostygnięcia i ciesz się smakiem.

2. Sok imbirowo-zingerowy

Składniki

- 2 średnie jabłka pokrojone w ósemki
- 5 marchewek (nie trzeba obierać)
- 1/2-calowy świeży imbir
- 1/4 cytryny

a) Wyciśnij wszystkie składniki zgodnie z instrukcją normalnego wyciskania soków podaną w instrukcji obsługi wyciskarki.

b) Wypij od razu lub odstaw na godzinę do ostygnięcia i ciesz się smakiem.

3. Sok Tropi-Kale

Składniki

- 1/4 świeżego ananasa, bez skórki i rdzenia, pokrojonego na paski o szerokości 2,5 cm
- 4 liście jarmużu
- 1 dojrzały banan, obrany
- Sok o działaniu antyoksydacyjnym:
- 2 średnie buraki pokrojone w ćwiartki i liście
- 1 szklanka borówek
- 1 szklanka przekrojonych na pół, wydrążonych truskawek

c) Wyciśnij wszystkie składniki zgodnie z instrukcją normalnego wyciskania soków podaną w instrukcji obsługi wyciskarki.

d) Wypij od razu lub odstaw na godzinę do ostygnięcia i ciesz się smakiem.

4. Sok wzmacniający odporność

Składniki

- 2 pomarańcze pokrojone na ćwiartki
- 1/4 cytryny (usuń skórkę, aby zmniejszyć goryczkę)
- 1 średnie jabłko pokrojone w ósemki
- 1/2" świeżego imbiru

a) Wyciśnij wszystkie składniki zgodnie z instrukcją normalnego wyciskania soków podaną w instrukcji obsługi wyciskarki.

b) Wypij od razu lub odstaw na godzinę do ostygnięcia i ciesz się smakiem.

5. Sok z jarmużu Kickstart

Składniki

- 1 pomarańcza pokrojona na ćwiartki
- 1 szklanka przekrojonych na pół i pozbawionych szypułek truskawek
- 2 liście jarmużu
- 3 marchewki
- 1 dojrzały banan

a) Wyciśnij wszystkie składniki zgodnie z instrukcją normalnego wyciskania soków podaną w instrukcji obsługi wyciskarki.

b) Wypij od razu lub odstaw na godzinę do ostygnięcia i ciesz się smakiem.

6. Sok chłodzący z ogórka

Składniki

- 1/4 dojrzałego kantalupa, bez pestek, pokrojonego na kawałki (nie ma potrzeby obierania)
- 2 łodygi selera
- 1/2 ogórka pokrojonego w plasterki
- 1/4 cytryny (usunąć skórkę, aby zmniejszyć goryczkę)

a) Wyciśnij wszystkie składniki zgodnie z instrukcją normalnego wyciskania soków podaną w instrukcji obsługi wyciskarki.

b) Wypij od razu lub odstaw na godzinę do ostygnięcia i ciesz się smakiem.

SOKOWANIE W CELU ODCHUDZANIA

7. Sok z granatu

Wskazówki

a) Przekrój świeży granat na pół w poprzek.

b) Podnieś rączkę sokowirówki i połóż na niej połówkę granatu, tak aby miąższem była skierowana w dół.

c) Naciśnij z umiarkowaną siłą i obserwuj, jak świeży sok wypływa z owocu. Kontynuuj naciskanie, aż poczujesz, że wycisnąłeś cały sok z owocu.

d) Wyciskaj sok z połówek granatu, aż zyskasz ilość soku wystarczającą na jedną szklankę.

e) Jeśli chcesz uzyskać czysty sok bez pestek, możesz go najpierw przecedzić przez sitko.

f) Jeśli wyciśnięty przez Ciebie owoc granatu nie jest wystarczająco słodki, możesz dodać do soku naturalny słodzik. Ale jeśli Twoim głównym celem jest utrata wagi, możesz nauczyć się pić świeże soki owocowe bez dodawania cukru.

8. Sok z arbuza

Wskazówki
a) Przekrój arbuza na pół, a następnie pokrój owoc w kostkę.

b) Usuń pestki z miąższu. Możesz zostawić białe, delikatne pestki, jeśli nie przeszkadza ci odrobina konsystencji w soku.

c) Umieść kostki arbuza w sokowirówce i dociśnij, aby uzyskać świeży sok. Kontynuuj wyciskanie kostek arbuza, aż uzyskasz wystarczającą ilość na jedną szklankę.

9. Sok grejpfrutowy

Wskazówki

a) Dokładnie opłucz grejpfruta ciepłą wodą.

b) Przekrój grejpfruta na pół w poprzek.

c) Włóż jedną połówkę grejpfruta do sokowirówki, miąższem do dołu.

d) Naciskaj sokowirówkę, aż zacznie wypływać świeży, różowy sok.

e) Powtarzaj te czynności, aż napełnisz całą szklankę świeżym sokiem.

f) Pijąc sok grejpfrutowy, zwiększysz spożycie witaminy C. Sok ten zawiera również błonnik pokarmowy, magnez i potas.

g) Połącz to ze zdrową, zrównoważoną dietą i regularnymi ćwiczeniami, a na pewno zaczniesz pozbywać się zbędnych kilogramów.

10. Sok z marchwi

Wskazówki

a) Pokrój marchewki, aby łatwiej było je wycisnąć. Ale jeśli masz mocną sokowirówkę, możesz pominąć ten krok.

b) Umieść kawałki marchwi w sokowirówce i dociskaj, aż zacznie płynąć świeży sok. Kontynuuj to, aż uzyskasz jedną szklankę świeżego soku z marchwi.

c) Choć sok z marchwi najlepiej pić na śniadanie, można go pić o każdej porze.

d) Marchewki zawierają również przeciwutleniacze, które mogą pomóc wzmocnić układ odpornościowy. Jest to ważna korzyść, jeśli próbujesz schudnąć.

11. Sok z kapusty

Wskazówki

a) Wybierz główkę kapusty, która jest jędrna i ma chrupiące liście. Ten rodzaj kapusty wytworzy więcej soku w porównaniu do główek kapusty z wiotkimi, żółknącymi liśćmi.

b) Kapustę płuczemy pod bieżącą, zimną wodą.

c) Pokrój główkę kapusty na kawałki, które zmieszczą się w otworze wlotowym sokowirówki.

d) Umieść bloki kapusty w sokowirówce i wyciskaj, aż zacznie płynąć świeży sok.

e) Dodawaj kolejne kawałki kapusty, aż uzyskasz tyle soku, aby napełnić jedną szklankę.

12. Sok z ogórka

Wskazówki

a) Odetnij końce ogórka.

b) Możesz lub nie obrać ogórka przed wyciskaniem soku. Tak czy inaczej, upewnij się, że najpierw opłuczesz ogórka, zanim zaczniesz kroić.

c) Pokrój ogórka na kawałki, które zmieszczą się w otworze wlotowym sokowirówki.

d) Wrzuć kawałki ogórka do sokowirówki i wyciskaj, aż zacznie lecieć świeży sok.

13. Mieszanka soków z zielonych owoców i warzyw

Wielkość porcji: 1 porcja

Składniki

- ½ cytryny
- 1 ogórek
- 1 kawałek imbiru (świeży)
- 2 zielone jabłka
- 3 łodygi selera (usunąć liście)
- gałązka mięty

Wskazówki

a) Umyj wszystkie owoce i warzywa, a następnie osusz je papierowym ręcznikiem.

b) Obierz imbir, jabłka, ogórki i cytrynę.

c) Pokrój wszystkie składniki na kawałki, które zmieszczą się w otworze wlotowym sokowirówki.

d) Umieść kawałki owoców i warzyw w sokowirówce. Naciśnij sokowirówkę, aż zacznie płynąć świeży sok. Wyciskanie składników będzie zależało od rodzaju sokowirówki, którą posiadasz.

e) Kiedy już będziesz mieć wystarczająco dużo soku, aby napełnić jedną szklankę, dodaj gałązkę mięty i ciesz się.

14. Mieszanka soków z korzeni, liści i owoców

Wielkość porcji: 1 porcja

Składniki

- ¼ ananasa
- ½ cytryny
- 1 średni burak
- 1 pomarańcza
- 2 liście czerwonej kapusty
- 3 średnie marchewki
- garść szpinaku

Wskazówki:

a) Umyj wszystkie owoce i warzywa, a następnie osusz je papierowym ręcznikiem.

b) Obierz ananasa, cytrynę, buraka, marchewkę i pomarańczę.

c) Pokrój wszystkie składniki na kawałki, które zmieszczą się w otworze wlotowym sokowirówki.

d) Umieść kawałki owoców i warzyw w sokowirówce. Naciśnij sokowirówkę, aż zacznie płynąć świeży sok. Wyciskanie składników będzie zależało od rodzaju sokowirówki, którą posiadasz.

e) Kiedy uzbierasz już wystarczająco dużo soku, żeby napełnić jedną szklankę, wypij ją!

15. Mieszanka soków tropikalnych

Wielkość porcji: 1 porcja

Składniki

- ½ szklanki kawałków ananasa
- 1 duże jabłko
- 2 duże marchewki
- 2 kawałki imbiru (świeżego)

Wskazówki:

a) Umyj wszystkie owoce i warzywa, a następnie osusz je papierowym ręcznikiem.

b) Obierz jabłko, marchewkę i imbir.

c) Pokrój wszystkie składniki (oprócz ananasa) na kawałki, które zmieszczą się w otworze wlotowym sokowirówki.

d) Umieść kawałki owoców i warzyw w sokowirówce. Naciśnij sokowirówkę, aż zacznie płynąć świeży sok. Wyciskanie składników będzie zależało od rodzaju sokowirówki, którą posiadasz.

e) Kiedy uzbierasz wystarczającą ilość soku, aby napełnić jedną szklankę, możesz cieszyć się mieszanką tropikalnych soków.

16. Słodko-kwaśna mieszanka soków

Wielkość porcji: 1 porcja

Składniki:

- 1 szklanka szpinaku
- 1 ogórek
- 1 limonka
- 1 kawałek imbiru (świeży)
- 2 łodygi selera (usunąć liście)
- 3 średnie jabłka

Wskazówki:

a) Umyj wszystkie owoce i warzywa, a następnie osusz je papierowym ręcznikiem.

b) Obierz ogórka, limonkę, imbir i jabłka.

c) Pokrój wszystkie składniki na kawałki, które zmieszczą się w otworze wlotowym sokowirówki.

d) Umieść kawałki owoców i warzyw w sokowirówce. Naciśnij sokowirówkę, aż zacznie płynąć świeży sok. Wyciskanie składników będzie zależało od rodzaju sokowirówki, którą posiadasz.

e) Kiedy już napełnisz szklankę wystarczającą ilością soku, sięgnij po tę mieszankę, aby uspokoić żołądek i poczuć się lepiej.

17. Mieszanka soku pomarańczowego Detox

Wielkość porcji: 2 porcje

Składniki

- 1 pomarańcza
- 1 słodki ziemniak (około 5 cali długości, ugotowany lub surowy)
- 2 średnie jabłka
- 2 średnie gruszki
- 3 łodygi selera (usunąć liście)

Wskazówki:

a) Jeśli planujesz ugotować słodkiego ziemniaka, zrób to w pierwszej kolejności.

b) Umyj wszystkie owoce i warzywa, a następnie osusz je papierowym ręcznikiem.

c) Obierz pomarańczę, słodkie ziemniaki, jabłka i gruszki.

d) Pokrój wszystkie składniki na kawałki, które zmieszczą się w otworze wlotowym sokowirówki.

e) Umieść kawałki owoców i warzyw w sokowirówce. Naciśnij sokowirówkę, aż zacznie płynąć świeży sok. Wyciskanie składników będzie zależało od rodzaju sokowirówki, którą posiadasz.

f) Kiedy uzbierasz już wystarczającą ilość soku, aby napełnić jedną szklankę, ciesz się tą słodką i sycącą mieszanką soków.

18. Orzeźwiająca mieszanka soków

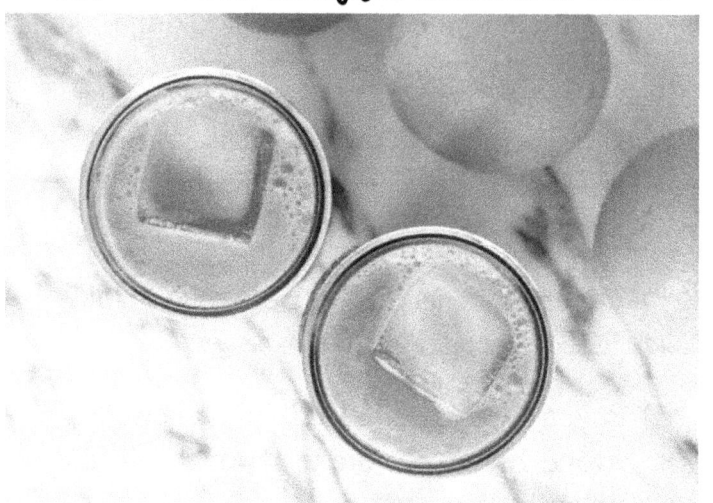

Wielkość porcji: 1 porcja

Składniki

- ½ ogórka
- ½ kawałka imbiru (świeżego)
- 1 cytryna
- 1 pomarańcza
- 3 łodygi selera (usunąć liście)
- 3 średnie jabłka
- 4 liście jarmużu

Wskazówki:

a) Umyj wszystkie owoce i warzywa, a następnie osusz je papierowym ręcznikiem.

b) Obierz ogórka, imbir, cytrynę, pomarańczę i jabłka.

c) Pokrój wszystkie składniki na kawałki, które zmieszczą się w otworze wlotowym sokowirówki.

d) Umieść kawałki owoców i warzyw w sokowirówce. Naciśnij sokowirówkę, aż zacznie płynąć świeży sok. Wyciskanie składników będzie zależało od rodzaju sokowirówki, którą posiadasz.

e) Kiedy uzbierasz wystarczającą ilość soku, aby napełnić jedną szklankę, ciesz się tą orzeźwiającą i zdrową mieszanką.

19. Mieszanka soków Lemonade Blitz

Wielkość porcji: 1 porcja

Składniki

- 1 szklanka szpinaku
- ½ limonki
- 1 cytryna
- 1 kawałek imbiru (świeży)
- 2 łodygi selera (usunąć liście)
- 2 zielone jabłka
- 4 liście jarmużu

Wskazówki:

a) Umyj wszystkie owoce i warzywa, a następnie osusz je papierowym ręcznikiem.

b) Obierz limonkę, cytrynę, imbir i jabłka.

c) Pokrój wszystkie składniki na kawałki, które zmieszczą się w otworze wlotowym sokowirówki.

d) Umieść kawałki owoców i warzyw w sokowirówce. Naciśnij sokowirówkę, aż zacznie płynąć świeży sok. Wyciskanie składników będzie zależało od rodzaju sokowirówki, którą posiadasz.

e) Kiedy uzbierasz już wystarczającą ilość soku, aby napełnić jedną szklankę, rozkoszuj się tą cierpką wersją klasycznego napoju lemoniadowego wspomagającą odchudzanie.

20. Mieszanka soków Morning Glory

Wielkość porcji: 1 porcja

Składniki

- 1 łyżeczka spiruliny (suszonej)
- 1 średni burak
- 2 średnie marchewki
- 2 pomarańcze

Wskazówki:

a) Umyj wszystkie owoce i warzywa, a następnie osusz je papierowym ręcznikiem.

b) Obierz buraki, marchewki i pomarańcze.

c) Pokrój wszystkie składniki na kawałki, które zmieszczą się w otworze wlotowym sokowirówki.

d) Umieść kawałki owoców i warzyw w sokowirówce. Naciśnij sokowirówkę, aż zacznie płynąć świeży sok. Wyciskanie składników będzie zależało od rodzaju sokowirówki, którą posiadasz.

e) Kiedy uzyskasz wystarczającą ilość soku, aby napełnić jedną szklankę, dodaj spirulinę, dobrze wymieszaj i ciesz się!

21.   Mieszanka soków Red Hot

Wielkość porcji: 1 porcja

Składniki

- 2 szklanki szpinaku
- ½ limonki
- 1 papryczka jalapeno
- 1 średni burak
- 1 kawałek imbiru (świeży)
- 2 łodygi selera
- 5 dużych marchewek

Wskazówki:

a) Umyj wszystkie owoce i warzywa, a następnie osusz je papierowym ręcznikiem.

b) Obierz limonkę, buraki, imbir i marchewkę.

c) Jeśli chcesz zmniejszyć ostrość, możesz najpierw usunąć pestki z papryczki jalapeño.

d) Pokrój wszystkie składniki (oprócz papryczki jalapeño) na kawałki, które zmieszczą się w otworze wlotowym sokowirówki.

e) Umieść kawałki owoców i warzyw w sokowirówce. Naciśnij sokowirówkę, aż zacznie płynąć świeży sok. Wyciskanie składników będzie zależało od rodzaju sokowirówki, którą posiadasz.

f) Kiedy uzbierasz wystarczającą ilość soku, aby napełnić jedną szklankę, możesz delektować się tą wyjątkową mieszanką soków z nutą orzeźwienia.

22. Mieszanka cytrusowo-borówkowa

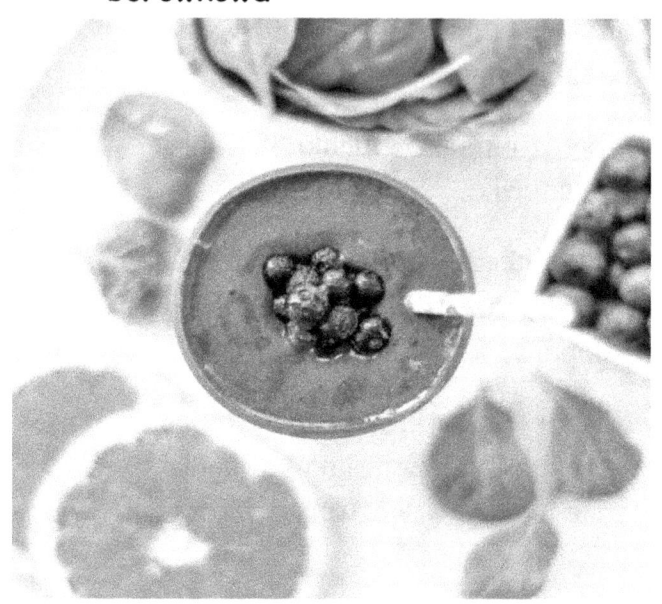

WYDAJE 1 FILIŻANKĘ

Składniki

- 1 szklanka borówek
- 2 pomarańcze obrane
- 1 różowy grejpfrut obrany

Wskazówki:

a) Przetwarzaj owoce przez otwór wlotowy sokowirówki zgodnie z instrukcją producenta w dowolnej kolejności.
b) Wypić możliwie najszybciej po przygotowaniu.

23. Sok arbuzowo-pomarańczowy

WYDAJE SIĘ 1 1/2 FILIŻANKI

Składniki

- 2 szklanki kawałków arbuza
- 1 duża pomarańcza, obrana

Wskazówki:

a) Przetwarzaj owoce w sokowirówce zgodnie z instrukcją producenta.
b) Podawać osobno lub z lodem.

24. Specjalność z buraków jagodowych

WYDAJE 1 FILIŻANKĘ

Składniki

- 1 szklanka borówek
- 1/2 szklanki truskawek
- 1/2 średniego buraka
- 1 duży liść boćwiny tęczowej
- 1/2 szklanki wody źródlanej

Wskazówki:

a) Przetwórz jagody w sokowirówce zgodnie z instrukcją producenta.
b) Dodaj buraki i boćwinę.
c) Wymieszaj sok z wodą i ciesz się!

25.   Sassy Snack

WYDAJE SIĘ 11/2 FILIŻANKI 1

Składniki

- słodki ziemniak, obrany
- 4 łodygi selera z liśćmi
- 1/2 szklanki szpinaku
- 1 cukinia
- 1 ogórek

Wskazówki:

a) Pokrój słodkie ziemniaki na kawałki i zmiksuj je w sokowirówce zgodnie z instrukcją producenta.
b) Dodaj seler i szpinak.
c) Cukinię pokrój w kawałki i wrzuć do sokowirówki. Dodaj też ogórka.
d) Dokładnie wymieszaj sok, aby składniki się połączyły, i podawaj z lodem, jeśli wolisz.

26. Koktajl na cel wagowy

WYDAJE SIĘ 21/2 FILIŻANKI (2 PORCJE)

Składniki

- 1 średni burak cukrowy, wierzchołki opcjonalnie
- 5 marchewek, przyciętych
- 2 łodygi selera, łącznie z liśćmi
- 1 ogórek pokrojony w kawałki
- 1 grejpfrut obrany
- 1 kiwi
- śliwka, bez pestek
- gruszki wydrążone
- 2 jabłka, wydrążone

Wskazówki:

a) Przepuść buraki i marchewki przez sokowirówkę zgodnie z instrukcją producenta.
b) Dodaj seler i ogórek.
c) Dodaj grejpfruta i kiwi, a następnie śliwkę.
d) Dodaj gruszki i jabłka.

e) Ubij lub wstrząśnij sokiem, aby połączyć składniki. Podawaj bezpośrednio lub z lodem.

27. Poncz jabłkowo-arbuzowy

WYDAJE SIĘ 11/2 FILIŻANKI

Składniki

- jabłka, wydrążone
- szklanki arbuza pokrojonego na kawałki

Wskazówki:

a) Przepuść jabłka przez sokowirówkę zgodnie z instrukcją producenta.
b) Dodaj arbuza.
c) Wymieszaj dokładnie sok, aby się połączył, i od razu podawaj.

28. Słodki shake

WYDAJE 1 FILIŻANKĘ

Składniki

- 1 banan, mrożony lub świeży
- 1 jabłko, wydrążone
- 1 łyżeczka przyprawy do ciasta dyniowego
- Banany w blenderze

Wskazówki:

a) Za pomocą sokowirówki lub blendera zmiksuj miąższ owoców, takich jak banany i awokado.
b) Wszystkie składniki wymieszaj w blenderze do uzyskania gładkiej konsystencji.
c) Podawać natychmiast.

29. Super Koktajl na Odchudzanie

WYDAJE SIĘ NA 2 KUBKI (2 PORCJE)

Składniki

- 2 łodygi selera, łącznie z liśćmi
- 1/2 ogórka
- 1/4 główki zielonej kapusty
- 2 łodygi pak choi
- 1/2 średniego jabłka, wydrążonego
- 1/2 obranej cytryny
- 1 (1/2-calowy) kawałek imbiru
- 1/2 szklanki pietruszki
- 5 liści jarmużu lub kapusty liściastej
- 1 szklanka szpinaku

Wskazówki:

a) Seler i ogórki wyciśnij w sokowirówce zgodnie z instrukcją producenta.
b) Pokrój kapustę na kawałki i dodaj do sokowirówki. Dodaj także pak choi, jabłko i cytrynę.
c) Dodaj imbir i pietruszkę.
d) Dodaj jarmuż i szpinak.
e) Podawać osobno lub z lodem.

30. Poczuj spalacz tłuszczu Burn

WYDAJE SIĘ 21/2 FILIŻANKI (2 PORCJE)

Składniki

- 2 duże pomidory pokrojone na ćwiartki
- łodygi selera
- lub 4 rzodkiewki, z ogonkami i przycięte
- 1 słodka czerwona papryka, bez pestek
- 1 żółta papryka bananowa lub 1 świeża papryczka jalapeño, bez pestek
- 3 zielone cebulki
- 1/2 łyżeczki pieprzu cayenne
- Szczodra odrobina sosu Tabasco lub według smaku

Wskazówki:

a) Przepuść pomidory i seler przez sokowirówkę zgodnie z instrukcją producenta.
b) Dodaj rzodkiewki i paprykę.
c) Dodaj cebulę dymkę.
d) Dodaj pieprz cayenne i ostry sos.
e) Wymieszaj sok, aż się połączy i ciesz się!

31. Rozbijacz cellulitu

WYDAJE 1 FILIŻANKĘ

Składniki

- 1 jabłko, wydrążone
- grejpfrut obrany
- łodygi selera z liśćmi
- 1/2 ogórka
- 2 łyżki świeżych liści mięty

Wskazówki:

a) Przepuść jabłko przez sokowirówkę zgodnie z instrukcją producenta.
b) Dodaj cząstki grejpfruta, a następnie seler.
c) Dodaj ogórek i liście mięty.
d) Wymieszaj lub wstrząśnij sok, aż się połączy i ciesz się!

32. Rozkosz z grejpfruta i rzeżuchy

WYDAJE SIĘ 11/2 FILIŻANKI

Składniki

- grejpfruty obrane
- 1/2 szklanki rzeżuchy
- lub 4 gałązki pietruszki

Wskazówki:

a) Wyciśnij grejpfruty za pomocą sokowirówki zgodnie z instrukcją producenta.
b) Dodaj rzeżuchę i pietruszkę.
c) Sok można podawać sam lub z lodem.

33. Sok na odchudzanie Tropic

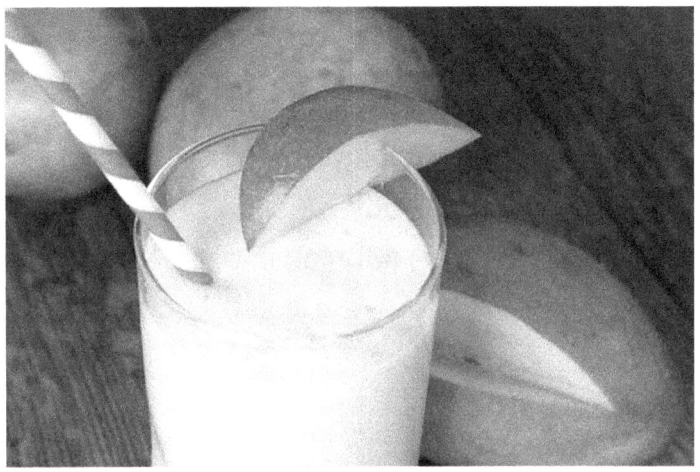

WYDAJE SIĘ 1 1/2 FILIŻANKI

Składniki

- 2 mango bez pestek
- 1 jabłko, wydrążone
- 1 grejpfrut obrany
- 1 (1/2-calowy) kawałek imbiru

Wskazówki:

a) Przepuść mango przez sokowirówkę zgodnie z instrukcją producenta.
b) Dodaj jabłko, cząstki grejpfruta i imbir.
c) Wymieszaj lub wstrząśnij sok, aby składniki się połączyły, i podawaj.

34. Sok malinowo-jabłkowy

WYDAJE SIĘ 11/2 FILIŻANKI

Składniki

- 2 szklanki malin
- 2 jabłka, wydrążone
- 1 limonka obrana

Wskazówki:

a) Przetwórz jagody w sokowirówce zgodnie z instrukcją producenta.
b) Dodaj jabłka i limonkę.
c) Ubij lub wstrząśnij sok, aby składniki się połączyły. Podawaj sam lub z lodem.

35. Sok z jicamy

WYDAJE 1 FILIŻANKĘ

Składniki

- 1 cała jicama
- 2 szklanki szpinaku
- 1/2 średniego buraka
- 1/2 obranej cytryny
- 1 średnia pomarańcza, obrana

Wskazówki:

a) Przetwórz jicama w sokowirówce zgodnie z instrukcją producenta.
b) Dodaj szpinak.
c) Dodaj buraka, a następnie cząstki cytryny i pomarańczy.
d) Ubij lub wstrząśnij sok, aby składniki się połączyły, i podawaj z lodem, jeśli chcesz.

36. Pomarańczowa Bonanza

WYDAJE 2 FILIŻANKI

Składniki

- 2 małe buraki cukrowe, przycięte i bez ogonków
- 2 duże pomarańcze, obrane
- 1/2 obranej cytryny
- duża marchewka, przycięta
- filiżanki szpinaku
- 2 łodygi selera z liśćmi
- 1 (2,5 cm) kawałek świeżego imbiru

Wskazówki:

a) Przetwórz buraki w sokowirówce zgodnie z instrukcją producenta.
b) Dodaj cząstki pomarańczy, a następnie cytrynę.
c) Przetwórz marchewkę, następnie dodaj szpinak i seler. Dodaj imbir.
d) Wymieszaj sok, aby składniki się połączyły, podawaj natychmiast.

37. Odświeżacz miętowy

WYDAJE 1 FILIŻANKĘ

Składniki

- 1 jabłko, wydrążone
- 5 gałązek mięty
- 1 limonka obrana

Wskazówki:

a) Wyciśnij seler w sokowirówce zgodnie z instrukcją producenta.
b) Dodaj jabłko, miętę i limonkę.
c) Podawać osobno lub z lodem.
d) Duża porcja ostrego sosu
e) Świeże zioła do dekoracji (opcjonalnie)
f) Wymieszaj składniki w misce robota kuchennego lub blendera, aż do uzyskania gładkiej konsystencji.
g) Schłodź przez godzinę lub dłużej i udekoruj świeżymi ziołami według uznania.

SOKOWANIE DLA SYSTEMU ODPORNOŚCIOWEGO

38. Soki cytrusowe

Składniki
- 3 mandarynki lub 2 małe pomarańcze – obrane
- 1 mała cytryna, skórka odcięta
- 1 mała limonka, skórka odcięta
- 2,5 cm obranego i pokrojonego w cienkie plasterki imbiru
- 1/2 łyżeczki suszonej kurkumy lub 1/2-calowy kawałek obranej świeżej kurkumy
- Szczypta prawdziwej soli morskiej
- Szczypta czarnego pieprzu
- Miód, do smaku (pominąć w przypadku diety Whole30)
- 1 1/2 szklanki wody

Wskazówki

a) Obierz mandarynki lub pomarańcze i odetnij skórkę z cytryny i limonki. Jeśli używasz blendera wysokoobrotowego, takiego jak Blender, wszystkie owoce mogą pozostać w całości. W przeciwnym razie możesz pokroić je na mniejsze kawałki.

b) Obierz imbir i pokrój go w cienkie plasterki. Dodaj pozostałe składniki.

c) Dodaj wszystkie składniki do blendera. Miksuj na wysokich obrotach, aż do uzyskania gładkiej konsystencji bez kawałków owoców lub imbiru.

d) Podawać natychmiast lub przenieść do lodówki i przechowywać do momentu spożycia. Wstrząsnąć przed nalaniem!

39. Sok pomidorowy

Składniki
- 3 funty bardzo dojrzałych pomidorów ogrodowych, wydrążonych, grubo posiekanych
- 1 1/4 szklanki posiekanego selera z liśćmi
- 1/3 szklanki posiekanej cebuli
- 2 łyżki cukru (do smaku)
- 1 łyżeczka soli
- Szczypta czarnego pieprzu
- Kilka łyżek sosu Tabasco, około 6-8 kropli (według smaku)

Wskazówki:

a) Umieść wszystkie składniki w dużym, niereaktywnym garnku (użyj stali nierdzewnej, nie aluminium). Doprowadź do wrzenia i gotuj bez przykrycia, aż mieszanina stanie się całkowicie zupowata, około 25 minut.

b) Przetrzyj mieszankę przez sito, młynek chinoise lub młynek do żywności. Całkowicie ostudź.

c) Przechowywać w przykryciu i chłodzie. W lodówce wytrzyma około 1 tydzień.

40. Mieszanka soków ABC

Wielkość porcji: 1 porcja

Składniki

- 1 zielone jabłko
- 1 cytryna
- 1 kawałek imbiru (świeży)
- 2 buraki
- 3 marchewki

Wskazówki:

a) Umyj wszystkie owoce i warzywa, a następnie osusz je papierowym ręcznikiem.

b) Obierz zielone jabłko, cytrynę, imbir, buraki i marchewkę.

c) Pokrój wszystkie składniki na kawałki, które zmieszczą się w otworze wlotowym sokowirówki.

d) Umieść kawałki owoców i warzyw w sokowirówce. Naciśnij sokowirówkę, aż zacznie płynąć świeży sok. Wyciskanie składników będzie zależało od rodzaju sokowirówki, którą posiadasz.

e) Kiedy uzbierasz wystarczającą ilość soku, aby napełnić jedną szklankę, ciesz się tą zdrową mieszanką soków, która wspomaga odporność.

41. Mieszanka soków słonecznych

Wielkość porcji: 1 porcja

Składniki

- 1 kawałek imbiru (świeży)
- 2 pomarańcze
- 4 marchewki

Wskazówki:

a) Umyj wszystkie owoce i warzywa, a następnie osusz je papierowym ręcznikiem.

b) Obierz imbir, pomarańcze i marchewki.

c) Pokrój wszystkie składniki na kawałki, które zmieszczą się w otworze wlotowym sokowirówki.

d) Umieść kawałki owoców i warzyw w sokowirówce. Naciśnij sokowirówkę, aż zacznie płynąć świeży sok. Wyciskanie składników będzie zależało od rodzaju sokowirówki, którą posiadasz.

e) Kiedy uzbierasz wystarczającą ilość soku, aby napełnić jedną szklankę, ciesz się tą świeżą, słoneczną, wzmacniającą odporność mieszanką soków.

WYCISKANIE SOKÓW NA LEPSZE TRAWIENIE

42. Sok z cytryny

Porcje: 6

Składniki

- 3-4 duże cytryny, aby uzyskać 1 szklankę soku z cytryny
- 2 litry wody
- ¼ szklanki cukru Opcjonalnie lub według smaku
- 1 mała cytryna pokrojona w plasterki Dekoracja (opcjonalnie)

Wskazówki:

a) Obróć cytryny na blacie w ruchu okrężnym lub roluj je między dłońmi. Dzięki temu łatwiej będzie je wycisnąć.
b) Wyświetlane składniki.
c) Przekrój każdą cytrynę na 2 równe części i wyciśnij sok.
d) wyciskanie soku z pokrojonych cytryn.
e) Wlej świeżo wyciśnięty sok z cytryny do dzbanka, a następnie dodaj 2 litry zimnej wody.
f) Dodaj pokrojone cytryny (opcjonalnie) i cukier (jeśli używasz).
g) sok i plasterki cytryny dodane do dzbanka.
h) Dokładnie wymieszaj i wstaw do lodówki na co najmniej 30 minut, aby schłodzić, lub od razu podawaj z lodem.
i) lemoniada w kubku i dzbanku.

43. Sok ze śliwek

Porcje 2

Składniki
- 1 + 1/4 szklanki wody
- 5 śliwek
- 2 łyżeczki cukru
- 1 łyżeczka soku z cytryny
- kilka lodu kostki

Wskazówki:
a) Weź suszone śliwki. Dodaj do nich 1/4 szklanki wody.
b) Przykryj i odstaw na 15-20 minut.
c) Do blendera włóż namoczone śliwki, 1 szklankę wody, następnie dodaj cukier.
d) Zmiksuj do uzyskania gładkiej masy.
e) Wyciśnij sok całkowicie poprzez wyciskanie łyżką. Na koniec dodaj sok z cytryny.
f) Do szklanki wrzuć kilka kostek lodu, wlej sok, wymieszaj i od razu podawaj.

44. Mieszanka soków antyoksydacyjnych

Wielkość porcji: 1 porcja

Składniki

- 2 łyżeczki octu jabłkowego (najlepiej ekologicznego z „Matką")
- ½ szklanki pietruszki
- ½ buraka
- 1 średni ogórek
- 1 małe jabłko
- 1 mała cytryna
- 3 średnie marchewki
- 4 łodygi selera
- imbir (świeży, możesz dodać tyle, ile lubisz)

Wskazówki:

a) Umyj wszystkie owoce i warzywa, a następnie osusz je papierowym ręcznikiem.

b) Obierz buraka, ogórka, jabłko, cytrynę i marchewkę.

c) Pokrój wszystkie składniki na kawałki, które zmieszczą się w otworze wlotowym sokowirówki.

d) Umieść kawałki owoców i warzyw w sokowirówce. Naciśnij sokowirówkę, aż zacznie płynąć świeży sok. Wyciskanie składników będzie zależało od rodzaju sokowirówki, którą posiadasz.

e) Kiedy uzyskasz wystarczającą ilość soku, aby napełnić jedną szklankę, dodaj ocet jabłkowy i ciesz się!

45. Mieszanka soków Go Green

Wielkość porcji: 1 porcja

Składniki

- 1 ogórek
- 1 zielone jabłko
- 1 cytryna
- 5 liści jarmużu

Wskazówki:

a) Umyj wszystkie owoce i warzywa, a następnie osusz je papierowym ręcznikiem.

b) Obierz ogórka, jabłko i cytrynę.

c) Pokrój wszystkie składniki na kawałki, które zmieszczą się w otworze wlotowym sokowirówki.

d) Umieść kawałki owoców i warzyw w sokowirówce. Naciśnij sokowirówkę, aż zacznie płynąć świeży sok. Wyciskanie składników będzie zależało od rodzaju sokowirówki, którą posiadasz.

e) Kiedy uzbierasz już wystarczającą ilość soku, aby napełnić jedną szklankę, rozkoszuj się tą świeżą mieszanką soków, która poprawi Twoje trawienie.

SOKOWANIE NA REGULACJĘ HORMONALNĄ

46. Warzywa krzyżowe

Składniki

- 2 łyżki liści mięty
- 1 filiżanka szpinaku
- 3 łodygi selera
- ½ Ogórka
- 1 filiżanka zielonej kapusty
- 1 filiżanka brokułów (łodygi i różyczki)
- ½ czerwonego jabłka
- 1 mała cytryna (3/4 skórki usunięte)
- 1 kawałek świeżego imbiru wielkości kciuka (obrany)

Wskazówki:

a) Umyj i posiekaj wszystkie składniki.
b) Przepuścić przez sokowirówkę.

47. Sok z wiśni kwaśnej

Wielkość porcji: 1 porcja

Składniki

- ½ kropli olejku eterycznego z bazylii
- 1 szklanka liści jarmużu (posiekanych)
- 1 szklanka ananasa (pokrojonego w kostkę)
- 1 limonka
- 2 ogórki
- 3 łodygi selera

Wskazówki:

a) Umyj wszystkie owoce i warzywa, a następnie osusz je papierowym ręcznikiem.

b) Obierz limonkę i ogórka.

c) Pokrój wszystkie składniki na kawałki, które zmieszczą się w otworze wlotowym sokowirówki.

d) Umieść kawałki owoców i warzyw w sokowirówce. Naciśnij sokowirówkę, aż zacznie płynąć świeży sok. Wyciskanie składników będzie zależało od rodzaju sokowirówki, którą posiadasz.

e) Kiedy uzyskasz wystarczającą ilość soku, aby napełnić jedną szklankę, dodaj olejek eteryczny z bazylii do smaku (i dla zwiększenia wartości odżywczych) i ciesz się.

48. Mieszanka soków pomarańczowych

Wielkość porcji: 1 porcja

Składniki:

- 2 szklanki zielonych warzyw, np. jarmużu i szpinaku
- 1 burak
- 1 pomarańcza
- 1 małe jabłko
- 3 marchewki

Wskazówki:

a) Umyj wszystkie owoce i warzywa, a następnie osusz je papierowym ręcznikiem.

b) Obierz buraka, pomarańczę, jabłko i marchewkę.

c) Pokrój wszystkie składniki na kawałki, które zmieszczą się w otworze wlotowym sokowirówki.

d) Umieść kawałki owoców i warzyw w sokowirówce. Naciśnij sokowirówkę, aż zacznie płynąć świeży sok. Wyciskanie składników będzie zależało od rodzaju sokowirówki, którą posiadasz.

e) Kiedy uzbierasz wystarczającą ilość soku, aby napełnić jedną szklankę, wypij mieszankę od razu, aby uzyskać najlepsze efekty.

SOKOWANIE W CELU DETOKSYKACJI

49. Sok jabłkowy

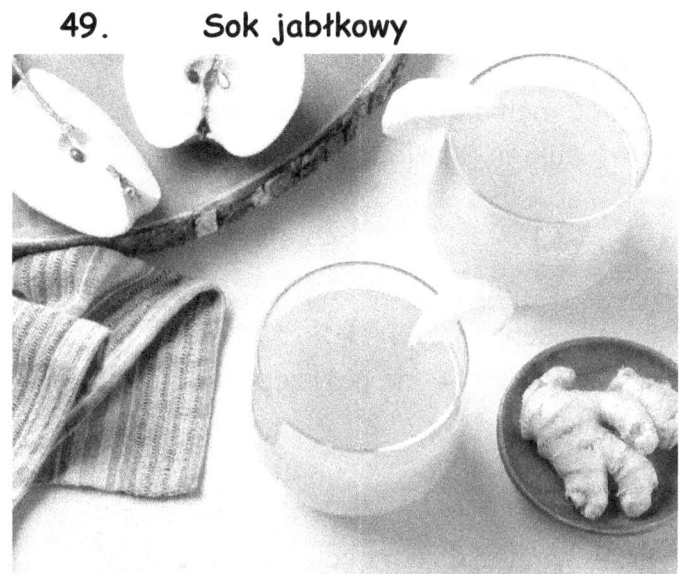

Składniki:

- 18 jabłek
- Cynamon (opcjonalnie)
- Cukier (opcjonalnie)

Wskazówki:

a) Zacznij od umycia i wydrążenia jabłka, aby usunąć pestki. Pokrój jabłka w plasterki. Nie ma potrzeby obierania jabłek.
b) Dodaj jabłka do garnka i dodaj tyle wody, aby je przykryć. Zbyt dużo wody i otrzymasz dość rozcieńczony sok. Ten sok może wyjść trochę mocny, ale o wiele łatwiej jest rozcieńczyć sok dodatkową wodą niż próbować wzmocnić smak.
c) Powoli gotuj jabłka przez około 20-25 minut lub do momentu, aż jabłka będą całkiem miękkie. Umieść filtr do kawy lub kawałek gazy w sitku o drobnych oczkach i umieść nad miską.
d) Powoli wlej gorącą mieszankę soku/jabłek do drobnego sitka i delikatnie rozgnieć jabłka. Sok zostanie przefiltrowany przez dno do miski, a papka jabłkowa zostanie. Umieść papkę w osobnej misce na później. Powtarzaj ten proces, aż cały sok znajdzie się w misce.

e) Spróbuj soku po jego ostygnięciu przez chwilę. Możesz dodać więcej cukru lub cynamonu, zależnie od swoich preferencji. Ponownie, jeśli smak jest zbyt mocny, możesz dodać trochę wody, aby osłabić smak.
f) Zebraną papkę jabłkową możesz łatwo zamienić w mus jabłkowy, miksując ją i dodając odrobinę cukru i cynamonu do smaku.
g) Pamiętaj, że Twój domowy sok jabłkowy nie zawiera soku jagodowego
h)

50. Mieszanka soków detoksykujących

Wielkość porcji: 4 porcje

Składniki:

- ½ cytryny
- 1 kawałek imbiru (świeży)
- 2 średnie jabłka
- 3 średnie buraki
- 6 marchewek

Wskazówki:

a) Umyj wszystkie owoce i warzywa, a następnie osusz je papierowym ręcznikiem.

b) Obierz cytrynę, imbir, jabłka, buraki i marchewkę.

c) Pokrój wszystkie składniki na kawałki, które zmieszczą się w otworze wlotowym sokowirówki.

d) Umieść kawałki owoców i warzyw w sokowirówce. Naciśnij sokowirówkę, aż zacznie płynąć świeży sok. Wyciskanie składników będzie zależało od rodzaju sokowirówki, którą posiadasz.

e) Kiedy uzbierasz wystarczającą ilość soku, aby napełnić jedną szklankę, wypij tę mieszankę, a resztę przechowuj w lodówce przez okres do tygodnia.

51. Mieszanka soku imbirowego i warzywnego

Wielkość porcji: 1 porcja

Składniki:

- $\frac{1}{2}$ szklanki pietruszki
- 2 szklanki szpinaku
- $\frac{1}{2}$ ogórka
- $\frac{1}{2}$ cytryny
- 1 zielone jabłko
- 2 łodygi selera
- 2 kawałki imbiru (świeżego)

Wskazówki:

a) Umyj wszystkie owoce i warzywa, a następnie osusz je papierowym ręcznikiem.

b) Obierz ogórek, cytrynę, jabłko i imbir.

c) Pokrój wszystkie składniki na kawałki, które zmieszczą się w otworze wlotowym sokowirówki.

d) Umieść kawałki owoców i warzyw w sokowirówce. Naciśnij sokowirówkę, aż zacznie płynąć świeży sok. Wyciskanie składników będzie zależało od rodzaju sokowirówki, którą posiadasz.

e) Gdy masz już wystarczającą ilość soku, aby napełnić jedną szklankę, możesz cieszyć się tą mieszanką schłodzonych soków, aby uzyskać najlepsze efekty.

52. Specjalny detoks

WYDAJE 1 FILIŻANKĘ

Składniki:

- 3 średnie buraki cukrowe, w tym zielone, przycięte
- 1 średnia marchewka, przycięta
- 1/2 funta czarnych winogron bez pestek

Wskazówki:

a) Buraki i zieleninę pokroić na kawałki.
b) Przepuść buraki, zieleninę i marchewkę przez sokowirówkę zgodnie z instrukcją producenta.
c) Dodaj winogrona.
d) Ubij sok, aby składniki całkowicie się połączyły. Wypij natychmiast.

53. Barszcz w szklance

WYDAJE 1 FILIŻANKĘ

Składniki:

- 2 małe buraki cukrowe, w tym zielenina
- 1 średnie jabłko, wydrążone
- 1 średnia pomarańcza, obrana i podzielona na segmenty
- 3 zielone cebulki, łącznie z wierzchołkami
- duży ogórek
- 2 łyżki świeżych liści mięty

Wskazówki:

a) Przetwórz buraki i liście w sokowirówce zgodnie z instrukcją producenta.
b) Dodaj jabłko i cząstki pomarańczy.
c) Dodaj cebulę i ogórek.
d) Dodaj liście mięty.
e) Dokładnie wymieszaj sok i podawaj z lodem.

54. Zielone, efektowne

WYDAJE 2 FILIŻANKI

Składniki:

- 1/2 pęczka szpinaku, około 2 filiżanek
- 1 szklanka rzeżuchy
- 1 szklanka rukoli
- średnie jabłko, wydrążone
- 1/2 obranej cytryny
- łodygi selera z liśćmi
- 1/2-calowy plaster świeżego imbiru

Wskazówki:

a) Przepuść jabłko przez sokowirówkę zgodnie z instrukcją producenta.
b) Dodaj cytrynę i łodygi selera.
c) Dodaj zieleninę i imbir w dowolnej kolejności.
d) Wymieszaj sok, aż się połączy, i podawaj dobrze schłodzony lub z lodem.

55. Moc granatu

WYDAJE 1 FILIŻANKĘ

Składniki:

- 4 granaty, obrane
- 1/2 obranej cytryny 2 łyżki surowego miodu

Wskazówki:

a) Obrane granaty przepuść przez sokowirówkę zgodnie z instrukcją producenta.
b) Dodaj cytrynę.
c) Do powstałego soku dodaj miód.
d) Ubijaj sok, aż miód całkowicie się rozpuści, i delektuj się!

56. Wspomaganie oczyszczania organizmu

SKŁADNIKI | WYDAJNOŚĆ 1 SZKLANKI

Składniki:

- 1 szklanka różyczek brokuła
- 3 średnie marchewki, przycięte
- 1 średnie jabłko, np. Granny Smith, wydrążone
- 1 łodyga selera, łącznie z liśćmi
- 1/2 szklanki liści szpinaku

Wskazówki:

a) Przepuść brokuły, marchewki i jabłka przez sokowirówkę zgodnie z instrukcją producenta.
b) Dodaj łodygę selera i liście szpinaku.
c) Dokładnie wymieszaj i wypij jak najszybciej po przygotowaniu, aby uzyskać najlepszy efekt.

57. Człowiek z żelaza

WYDAJE SIĘ NA 3 KUBKI (2 PORCJE)

Składniki:

- 4 duże pomarańcze, obrane
- 4 średnie cytryny, obrane
- 1/4 szklanki surowego miodu lub do smaku
- 4 szklanki czerwonych, czarnych lub zielonych winogron bez pestek

Wskazówki:

a) Wyciśnij pomarańcze i cytryny w sokowirówce zgodnie z instrukcją producenta.
b) Dodaj miód i winogrona.
c) Ubij sok, aż całkowicie się połączy i ciesz się! Jeśli wolisz, dodaj zimnej wody, aby lekko rozrzedzić sok i zmniejszyć intensywność smaku.

58. Całkowity detoks organizmu

WYDAJE 1 FILIŻANKĘ

Składniki:

- 1 duży pomidor
- 2 łodygi szparagów
- 1 średni ogórek
- 1/2 obranej cytryny

Wskazówki:

a) Przetwórz pomidory i szparagi w sokowirówce zgodnie z instrukcją producenta.
b) Dodaj ogórek i cytrynę.
c) Wymieszaj sok do połączenia i podawaj schłodzony lub z lodem.

59. Oczyszczanie marchewką

WYDAJE 1 FILIŻANKĘ

Składniki:

- 1/2 funta marchwi, przyciętej
- 1 duże jabłko, wydrążone
- 1 cytryna, obrana i pozbawiona pestek

Wskazówki:

a) Przetwarzaj marchewki, jedną po drugiej, w sokowirówce zgodnie z instrukcją producenta.
b) Pokrój jabłko na kawałki i dodaj.
c) Dodaj cytrynę.
d) Wymieszaj sok, aby składniki się połączyły, i od razu wypij.

60. Koktajl z karczochów i kolendry

WYDAJE 1 FILIŻANKĘ

Składniki:

- 4 topinambur
- 1 pęczek świeżej kolendry, około 1 szklanki
- 4 duże rzodkiewki, z ogonkami i przycięte
- 3 średnie marchewki, przycięte

Wskazówki:

a) Przetwarzaj topinambur, pojedynczo, w sokowirówce zgodnie z instrukcją producenta.
b) Uformuj z kolendry kulkę, ściśnij ją i dodaj.
c) Dodaj rzodkiewki i marchewki.
d) Dokładnie wymieszaj sok i podawaj z lodem, jeśli wolisz.

61. Detoks C-Water

WYDAJE SIĘ 1 1/2 FILIŻANKI

Składniki:

- 3 owoce kiwi
- 2 różowe grejpfruty, obrane i pozbawione pestek
- 4 uncje wody

Wskazówki:

a) Wyciśnij kiwi i grejpfruta za pomocą sokowirówki zgodnie z instrukcją producenta.
b) Dodaj wodę i dokładnie wymieszaj.
c) Wypij jak najszybciej po przygotowaniu, ponieważ świeża witamina C szybko się psuje.

62. Oczyszczająca dieta z papają i truskawkami

WYDAJE SIĘ 11/4 FILIŻANKI

Składniki:

- 2 papaje
- 1 szklanka truskawek z nienaruszonymi szypułkami

Wskazówki:

a) Przepuść papaje i truskawki przez sokowirówkę zgodnie z instrukcją producenta.
b) Wymieszaj i delektuj się!

63. Koktajl jabłkowo-ogórkowy

WYDAJE 1 FILIŻANKĘ

Składniki:

- 1 średni ogórek
- 1 średnie jabłko, wydrążone
- Woda do przygotowania 1 szklanki soku

Wskazówki:

a) Przepuść ogórek i jabłko przez sokowirówkę zgodnie z instrukcją producenta.
b) Dodaj wodę, aby uzyskać 1 szklankę i dokładnie wymieszaj. Pij i ciesz się!

64. Koktajl z awokado

WYDAJE SIĘ 1 1/2 FILIŻANKI

Składniki:

- 2 liście jarmużu lub boćwiny, posiekane
- 1/2 szklanki kawałków mango
- 1/4 awokado
- 1/2 szklanki wody kokosowej
- 1/2 szklanki lodu

Wskazówki:

a) Przepuść jarmuż lub boćwinę i kawałki mango przez sokowirówkę zgodnie z instrukcją producenta.
b) Przełóż mieszankę do blendera, dodaj awokado, wodę kokosową i lód.
c) Miksuj do uzyskania gładkiej konsystencji.

65. Środek czyszczący Minty Melon

WYDAJE SIĘ 1 1/2 FILIŻANKI

Składniki:

- 1/2 kantalupa, obranego i pozbawionego pestek
- 1/4 szklanki świeżych liści mięty
- 1/4 szklanki pietruszki
- 1 szklanka borówek

Wskazówki:

a) Pokrój melona na kawałki i zmiksuj w sokowirówce zgodnie z instrukcją producenta.
b) Z mięty i pietruszki uformuj kulki, ściśnij je i wrzuć do sokowirówki.
c) Dodaj borówki.
d) Wymieszaj sok tak, aby składniki się połączyły, i ciesz się!

66. Magia żurawinowego jabłka

WYDAJE SIĘ 11/2 FILIŻANKI

Składniki:

- 3/4 szklanki żurawiny
- 3 średnie marchewki, przycięte
- 2 jabłka, wydrążone

Wskazówki:

a) Wyciśnij żurawinę w sokowirówce zgodnie z instrukcją producenta.
b) Dodaj marchewki i jabłka.
c) Dokładnie wymieszaj sok i podawaj.

67. Oczyszczanie kapustą i jarmużem

WYDAJE SIĘ 1 1/2 FILIŻANKI

Składniki:

- 1 szklanka różyczek brokuła
- 1 mała główka czerwonej kapusty
- 3 duże liście jarmużu lub boćwiny

Wskazówki:

a) Przepuść brokuły przez sokowirówkę zgodnie z instrukcją producenta.
b) Pokrój kapustę na kawałki i dodaj do sokowirówki.
c) Dodaj jarmuż lub boćwinę.
d) Sok dokładnie wymieszaj i podawaj sam lub z lodem.

68. Jamtastyczny

WYDAJE SIĘ 11/2 FILIŻANKI

Składniki:

- 3 pomarańcze obrane
- 2 gruszki Andegawenii, wydrążone
- 1 duży batat, obrany

Wskazówki:

a) Wyciśnij cząstki pomarańczy za pomocą sokowirówki zgodnie z instrukcją producenta.
b) Dodaj gruszki.
c) Pokrój bataty na kawałki i dodaj do sokowirówki. Podawaj z lodem.

69. Tygiel

WYDAJE SIĘ 1 1/2 FILIŻANKI

Składniki:

- 1 łodyga brokuła
- 1/4 główki kapusty
- 1/4 główki kalafiora
- liście jarmużu
- 1/2 obranej cytryny
- 2 jabłka, wydrążone

Wskazówki:

a) Przepuść cząstki brokułu przez sokowirówkę zgodnie z instrukcją producenta.
b) Dodaj kapustę i kalafior.
c) Dodaj jarmuż, cytrynę i jabłka.
d) Wymieszaj sok, aż się połączy, i podawaj z lodem.

70. Cydr cynamonowy

WYDAJE SIĘ 11/2 FILIŻANKI

Składniki:

- 2 jabłka, wydrążone
- 8 łodyg selera
- Szczypta cynamonu

Wskazówki:

a) Przepuść jabłka przez sokowirówkę zgodnie z instrukcją producenta.
b) Dodaj seler. Dodaj cynamon do powstałego soku.
c) Wymieszaj dokładnie sok, aby się połączył, i od razu podawaj.

71. Oczyszczanie warzywami korzeniowymi

WYDAJE SIĘ 1 1/2 FILIŻANKI

Składniki:

- 1/2 średniego buraka, bez ogonków i przyciętego
- 3 średnie marchewki, przycięte
- 2 jabłka, wydrążone
- 1 średni słodki ziemniak pokrojony w kawałki
- 1/4 słodkiej hiszpańskiej cebuli lub cebuli Vidalia, obranej

Wskazówki:

a) Przepuść buraki i marchewki przez sokowirówkę zgodnie z instrukcją producenta.
b) Dodaj jabłka i słodkie ziemniaki, a następnie cebulę.
c) Dokładnie wymieszaj sok, aby składniki się połączyły, i od razu podawaj.

72. Herbata Mango

WYDAJE 2 FILIŻANKI

Składniki:

- 1/2 mango, obranego i pozbawionego pestek
- 1 szklanka gorącej wody
- 1 torebka herbaty ziołowej

Wskazówki:

a) Przepuść mango przez sokowirówkę zgodnie z instrukcją producenta.
b) Zalej torebkę herbaty wodą i odstaw na 2 minuty.
c) Dodaj 1/4 szklanki soku z mango do herbaty i zamieszaj.

73. Pij swoje warzywa

Składniki:

- 2 szklanki liści młodego szpinaku
- 6 selerów
- 2 duże ogórki
- 1/2 cytryny
- 2 średnie jabłka
- 1-2-calowy imbir
- 1/4 - 1/2 szklanki liści pietruszki

Wskazówki

a) Umyj, przygotuj i pokrój produkty.
b) Dodawaj produkty do sokowirówki pojedynczo.
c) Podawać na zimno z lodem. Można przechowywać w szczelnie zamkniętych słoikach lub szklankach w lodówce przez 7-10 dni. Przed wypiciem wstrząsnąć lub dobrze wymieszać.

74. Detoksykujący

Składniki:

- 2-3 buraki
- 6 Marchewek
- 2 średnie jabłka
- 1/2 cytryny
- 1-2-calowy imbir

Wskazówki

a) Umyj, przygotuj i pokrój produkty.
b) Dodawaj produkty do sokowirówki pojedynczo.
c) Podawać na zimno z lodem. Można przechowywać w szczelnie zamkniętych słoikach lub szklankach w lodówce przez 7-10 dni. Przed wypiciem wstrząsnąć lub dobrze wymieszać.

75. Wizja

Składniki:

- 8 dużych marchewek
- 2-3 pomarańcze pępkowe
- 1-2-calowy imbir
- 1-calowa kurkuma (opcjonalnie)

Wskazówki

a) Umyj, przygotuj i pokrój produkty.
b) Dodawaj produkty do sokowirówki pojedynczo.
c) Podawać na zimno z lodem. Można przechowywać w szczelnie zamkniętych słoikach lub szklankach w lodówce przez 7-10 dni. Przed wypiciem wstrząsnąć lub dobrze wymieszać.

76. Słodka marchewka

Składniki:

- 10 dużych marchewek
- 2 średnie jabłka
- 1/4 szklanki pietruszki (opcjonalnie)

Wskazówki

a) Umyj, przygotuj i pokrój produkty.
b) Dodawaj produkty do sokowirówki pojedynczo.
c) Podawać na zimno z lodem. Można przechowywać w szczelnie zamkniętych słoikach lub szklankach w lodówce przez 7-10 dni. Przed wypiciem wstrząsnąć lub dobrze wymieszać.

WYCISKANIE SOKÓW W CELU SPOWOLNIENIA PROCESU STARZENIA SIĘ

77. Sok z czerwonych winogron

Porcje: 6 porcji

Składniki
- 1-2 funty czerwonych winogron
- 2 szklanki wody
- ¼ szklanki cukru

Wskazówki:

a) Wypełnij Blend winogronami.
b) Dodaj wodę i cukier.
c) Jeśli zachodzi taka potrzeba, odcedź miąższ.
d) Podawać schłodzone.

78. Sok z ogórka

Składniki
- 6 szklanek wody
- 2 ogórki angielskie
- Sok i skórka z 1 cytryny
- 2 łyżki świeżej mięty

Wskazówki:

a) Odetnij końcówki ogórków i obierz je. Pokrój na kilka większych kawałków.
b) Umieść ogórki, wodę, skórkę z cytryny, sok z cytryny i miętę w robocie kuchennym lub blenderze. Miksuj składniki przez 2-3 minuty, aż do uzyskania gładkiej konsystencji.
c) Ustaw sitko nad większą miską i wlej sok z ogórka do sitka. Użyj szpatułki, aby przepuścić sok przez sitko, aż sok przestanie się sączyć. Wyrzuć stałe składniki.
d) Sok z ogórka możesz wypić od razu lub przechowywać w lodówce do 24 godzin.

79. Mieszanka soków „Młoda i Świeża"

Wielkość porcji: 1 porcja

Składniki
- 2 szklanki jabłek
- 2 szklanki borówek

Wskazówki:

a) Umyj wszystkie owoce i osusz je papierowym ręcznikiem.

b) Obierz jabłko i pokrój je na kawałki, które zmieszczą się w otworze wlotowym sokowirówki.

c) Umieść owoce w sokowirówce. Naciśnij sokowirówkę, aż zacznie płynąć świeży sok. Wyciskanie składników będzie zależało od rodzaju sokowirówki, którą posiadasz.

d) Kiedy uzbierasz wystarczającą ilość soku, aby napełnić jedną szklankę, możesz cieszyć się tą mieszanką soków przeciwstarzeniowych.

80. Mieszanka soków różowo-młodzieńczych

Wielkość porcji: 1 porcja

Składniki

- ½ szklanki truskawek
- 1 szklanka borówek
- 1 ½ szklanki wody
- 1 duży liść jarmużu
- 1 mały burak

Wskazówki:

a) Umyj wszystkie owoce i warzywa, a następnie osusz je papierowym ręcznikiem.

b) Obierz buraka i usuń łodygę liścia jarmużu.

c) Pokrój wszystkie składniki na kawałki, które zmieszczą się w otworze wlotowym sokowirówki.

d) Umieść kawałki owoców i warzyw w sokowirówce. Naciśnij sokowirówkę, aż zacznie płynąć świeży sok. Wyciskanie składników będzie zależało od rodzaju sokowirówki, którą posiadasz.

e) Gdy masz już wystarczająco dużo soku, aby napełnić jedną szklankę i cieszyć się tą młodzieńczą mieszanką soków, która wygląda świetnie i smakuje jeszcze lepiej.

SOKOWANIE DLA ZDROWEGO CIAŁA

81. Wybuch jagód

WYDAJE SIĘ 1 1/2 FILIŻANKI

Składniki

- 1 szklanka borówek
- 2 duże marchewki, przycięte
- 1/2 szklanki świeżych kawałków ananasa

Wskazówki:

a) Postępuj zgodnie z instrukcją producenta i przetwarzaj jagody, marchewki i ananasa w dowolnej kolejności.
b) Wymieszaj lub wstrząśnij sok, aż do całkowitego połączenia, dodając lód, jeśli chcesz.
c) Wypić jak najszybciej po zmiksowaniu.

82. Sok pomarańczowo-truskawkowy

WYDAJE SIĘ 11/2 FILIŻANKI

Składniki

- 1 duża pomarańcza, obrana
- 1 szklanka truskawek
- 1 banan obrany

Wskazówki:

a) Wyciśnij pomarańczę i truskawki w sokowirówce zgodnie z instrukcją producenta.

b) Dodaj banana i przełóż do blendera, aż mieszanka będzie gładka. Podawaj natychmiast.

83. Sok pomarańczowo-bananowy

WYDAJE SIĘ 11/2 FILIŻANKI

Składniki

- 1 mały słodki ziemniak, obrany
- 1 duża marchewka, przycięta
- 2 dojrzałe gruszki, wydrążone
- 3 średnie pomarańcze, obrane

Wskazówki:

a) Przepuść marchewkę i słodkie ziemniaki przez sokowirówkę zgodnie z instrukcją producenta.
b) Dodaj gruszki oraz cząstki pomarańczy i zmiksuj.
c) Przed podaniem sok dokładnie wymieszać.

84. Pikantny ogórek

WYDAJE 1 FILIŻANKĘ

Składniki

- 1 ogórek
- 1 ząbek czosnku, obrany
- 2 zielone cebulki, przycięte
- 1/2 papryczki jalapeno
- 2 małe limonki lub limonki meksykańskie

Wskazówki:

a) Zmiksuj składniki w dowolnej kolejności w sokowirówce elektrycznej zgodnie z instrukcjami producenta.
b) Wymieszaj i podawaj z lodem.

85. Maszyna do fasoli

WYDAJE 1 FILIŻANKĘ

Składniki

- 2 szklanki świeżej zielonej fasolki
- 5 dużych liści sałaty rzymskiej
- 1 ogórek
- 1 cytryna pokrojona na ćwiartki, obrana

Wskazówki:

a) Ziarna soku przepuść przez wyciskarkę elektryczną zgodnie z instrukcją producenta.
b) Dodaj sałatę, ogórek i cytrynę.
c) Dokładnie wymieszaj sok, aby składniki się połączyły, i podawaj sam lub z lodem.

86.   Mocny cios

WYDAJE 1

Składniki

- 1 średni batat, obrany
- 4 średnie pomarańcze, obrane
- 2 średnie marchewki, przycięte
- 1/2 szklanki świeżej pietruszki
- 1/2 świeżego ananasa, obranego i pokrojonego na kawałki

Wskazówki:

a) Pokrój bataty na kawałki według potrzeb. Przetwarzaj w sokowirówce elektronicznej zgodnie z instrukcją producenta.
b) Dodaj cząstki pomarańczy, po kilka na raz.
c) Dodaj marchewkę i kawałki ananasa.
d) Przed podaniem dokładnie wymieszaj powstały sok.

87. Super sok warzywny

WYDAJE SIĘ 11/2 FILIŻANKI

Składniki

- 1 cały ogórek
- 6 liści sałaty rzymskiej
- 4 łodygi selera, łącznie z liśćmi
- 2 szklanki świeżego szpinaku

Wskazówki:

a) Pokrój ogórka na kawałki i zmiksuj w sokowirówce zgodnie z zaleceniami producenta.
b) Owiń łodygi selera liśćmi sałaty i wrzuć do tuby karmnika.
c) Dodaj szpinak, kiełki i pietruszkę w dowolnej kolejności.
d) Przed podaniem sok dokładnie wymieszać.

88. Mistrz buraków

WYDAJE 1 FILIŻANKĘ

Składniki

- 2 średnie buraki
- 2 jabłka, wydrążone
- 1 średnia pomarańcza, obrana
- 2 łodygi selera z liśćmi

Wskazówki:

a) Wyszoruj i przytnij buraki. Pokrój na kawałki.
b) Przepuść kawałki buraków przez rurę podającą sokowirówki zgodnie z instrukcją producenta.
c) Pokrój jabłka na kawałki i wrzuć do sokowirówki, razem z pomarańczą i selerem.
d) Sok dokładnie wymieszaj i podawaj z lodem.

89. Borówka i jabłko

WYDAJE 1 FILIŻANKĘ

Składniki

- 2 szklanki świeżych lub mrożonych jagód
- 1 jabłko, wydrążone
- 1 obrany kawałek cytryny lub limonki

Wskazówki:

a) Przetwórz owoce w sokowirówce zgodnie z instrukcją producenta.
b) Dodaj jabłko i cytrynę lub limonkę.
c) Dokładnie wymieszaj lub wstrząśnij sok, aby składniki się połączyły, i podawaj.

90. Energizer

WYDAJE 2 FILIŻANKI

Składniki

- 2 jabłka, wydrążone
- 1/2 ogórka
- 1/4 cebuli kopru włoskiego
- 2 łodygi selera, łącznie z liśćmi
- 1/2 obranej cytryny
- 1 kawałek imbiru, około 1/4 cala
- 1/2 szklanki jarmużu
- 1/2 szklanki szpinaku
- 6 liści sałaty rzymskiej

Wskazówki:

a) Dodaj seler, cytrynę i imbir.
b) Resztę zieleniny porwij na kawałki i zmiksuj.
c) Dokładnie wymieszaj sok przed podaniem. Podawaj z lodem, jeśli chcesz.

91. Zabawa w sałatę

WYDAJE SIĘ 1 1/2 FILIŻANKI

Składniki

- 1/2 główki sałaty rzymskiej
- 1/2 główki sałaty czerwonej
- 2 łodygi selera z liśćmi

Wskazówki:

a) Przepuść sałatę i seler przez sokowirówkę zgodnie z instrukcją producenta.
b) Sok można podawać sam lub z lodem.

92. Najlepsze z obu światów

WYDAJE SIĘ 11/2 FILIŻANKI

Składniki

- 4-6 średnich marchewek, przyciętych
- 1 średni słodki ziemniak, obrany
- 1 czerwona papryka, bez pestek
- 2 kiwi
- 1-calowy kawałek imbiru
- 1/2 obranej cytryny
- 2 łodygi selera z liśćmi

Wskazówki:

a) Przepuść marchewki przez sokowirówkę zgodnie z instrukcją producenta.
b) Dodaj słodkie ziemniaki i paprykę.
c) Dodaj kiwi i imbir.
d) Dodaj cytrynę i seler.
e) Dokładnie wymieszaj lub wstrząśnij sok, aby składniki się połączyły. Podawaj osobno lub z lodem.

93. Prosta przyjemność

WYDAJE 1 FILIŻANKĘ

Składniki

- 4 duże marchewki, przycięte
- 1 pomarańcza, obrana

Wskazówki:

a) Przepuść marchewki przez sokowirówkę zgodnie z instrukcją producenta.
b) Dodaj cząstki pomarańczy.
c) Wymieszaj lub wstrząśnij, aby składniki się połączyły, i podawaj.

94. Czerwony, biały i czarny

WYDAJE SIĘ 11/2 FILIŻANKI

Składniki

- 1 szklanka czerwonych winogron
- 1 szklanka białych winogron
- 1/2 szklanki czarnej porzeczki

Wskazówki:

a) Przetwórz winogrona w sokowirówce zgodnie z instrukcją producenta.
b) Dodaj porzeczki.
c) Sok można podawać sam lub z lodem.

95. Koktajl z ananasa i selera

WYDAJE 1 FILIŻANKĘ

Składniki

- 3 (2,5 cm) plasterki świeżego ananasa, obrane
- 3 łodygi selera z liśćmi

Wskazówki:

a) Zmiksuj kawałki ananasa i seler w sokowirówce.
b) Sok należy podawać natychmiast.

96. Poncz miodowo-ogórkowy

WYDAJE 2 FILIŻANKI

Składniki

- 1/2 ogórka
- 1/4 małego melona miodowego
- 1 szklanka zielonych winogron bez pestek
- 2 owoce kiwi, obrane
- 3/4 szklanki szpinaku
- 1 gałązka mięty
- 1 cytryna, obrana

Wskazówki:

a) Przepuść ogórki i melony przez sokowirówkę zgodnie z instrukcją producenta.
b) Dodaj winogrona i kiwi.
c) Dodaj szpinak i miętę, a następnie cytrynę.
d) Dokładnie wymieszaj sok, aby składniki się połączyły, i od razu podawaj.

97. Magiczna Medycyna

WYDAJE 1 FILIŻANKĘ

Składniki

- 1 mango, obrane i wydrążone
- 1/2 szklanki brzoskwiń
- 1/2 szklanki kawałków ananasa
- 2 łyżki surowego miodu
- 1 łyżeczka świeżo startego imbiru
- 1 szklanka borówek

Wskazówki:

a) Przepuść mango przez wyciskarkę elektryczną zgodnie z instrukcją producenta.
b) Dodaj kawałki brzoskwiń i ananasa, po kilka na raz.
c) Wymieszaj miód z imbirem i jagodami, a następnie dodaj do sokowirówki.
d) Przed podaniem sok dokładnie wymieszać.

98. Noc w mieście Tonic

SKŁADNIKI | WYDAJNOŚĆ 2 1/2 FILIŻANKI (2 PORCJE)

Składniki

- 1 mały burak
- 6 średnich marchewek, przyciętych
- 1 zielona papryka, bez pestek
- 1 czerwona papryka, bez pestek
- 1/2 szklanki jarmużu
- 2 szklanki liści młodego szpinaku
- 2 duże pomidory
- 1/4 główki świeżej kapusty
- 2 łodygi selera
- 2 zielone cebulki, przycięte
- 1 mały ząbek czosnku, obrany
- 1 łyżeczka soli
- Sos paprykowy do smaku

Wskazówki:

a) Przepuść buraki i marchewki przez sokowirówkę zgodnie z instrukcją producenta.
b) Dodaj paprykę, jarmuż i szpinak.
c) Dodaj pomidory, kapustę i seler
d) Na koniec dodaj cebulę, czosnek i sól.
e) Dokładnie wymieszaj sok, dopraw do smaku ostrym sosem i podawaj z lodem, aby zwiększyć nawodnienie.

99. Sok żurawinowy

Składniki

- 2 kwarty wody
- 8 szklanek świeżych lub mrożonych żurawin
- 1-1/2 szklanki cukru
- 1/2 szklanki soku z cytryny
- 1/2 szklanki soku pomarańczowego

Wskazówki

a) W rondlu lub dużym garnku zagotuj wodę i żurawinę. Zmniejsz ogień; przykryj i gotuj na wolnym ogniu, aż jagody zaczną pękać, 20 minut.

b) Przecedź przez drobne sitko, ugniatając mieszankę łyżką; wyrzuć jagody. Wlej sok żurawinowy z powrotem do garnka. Wymieszaj z cukrem, sokiem z cytryny i sokiem pomarańczowym. Doprowadź do wrzenia; gotuj i mieszaj, aż cukier się rozpuści.

c) Zdjąć z ognia. Ostudzić. Przelać do dzbanka; przykryć i schłodzić w lodówce do schłodzenia.

100. Sok z granatu

Składniki
- 5 do 6 dużych granatów

Wskazówki:
a) Używając noża do obierania, usuń część granatu, która wygląda jak korona. Lubię ustawić nóż do obierania pod kątem w dół i zrobić okrąg wokół korony.
b) Natnij granat na kawałki. Uważam, że nacięcie owocu 4 razy jest dla mnie wystarczające, ale możesz naciąć go jeszcze kilka razy.
c) Rozłup granat na kawałki.
d) Napełnij dużą miskę zimną wodą. Rozłup granat pod wodą. Pomaga to zapobiec rozpryskiwaniu się soku z granatów wszędzie.
e) Kiedy oddzielisz granat od skórki, odcedź go z wody.
f) Wlać do blendera. Miksuj, aż wszystkie osłonki zostaną zmiażdżone, ale większość nasion pozostanie nienaruszona. Zwykle zajmuje to nie więcej niż 15 do 20 sekund.
g) Przecedź sok przez sitko. Zauważysz, że sok przechodzi przez sitko dość wolno, ponieważ miąższ jest dość gęsty. Aby przyspieszyć proces, użyj gumowej szpatułki, aby docisnąć miąższ do sitka. Sok powinien szybciej przeciekać.

h) Wlej sok do szklanki i podaj. 5 do 6 dużych granatów powinno dać około 4 filiżanek soku. Resztki soku można przechowywać w lodówce w słoiku przez 5 do 6 dni.

WNIOSEK

I oto masz!

Wszystko, co musisz wiedzieć o sokach. Teraz jesteś już uzbrojony w informacje, których potrzebujesz, aby bezpiecznie i prawidłowo rozpocząć własną przygodę z sokami. Jak obiecałem na początku książki, podzieliłem się z Tobą wszystkim, czego się nauczyłem i odkryłem podczas mojej przygody z sokami. Rozpoczęliśmy tę książkę elektroniczną od zdefiniowania, czym jest sokowanie, odpowiedzieliśmy na najważniejsze pytania związane z sokami, omówiliśmy korzyści płynące z sokowania, a nawet poznałeś najważniejsze rzeczy, o których należy pamiętać, zaczynając sokowanie. Następny rozdział dotyczył znalezienia idealnej sokowirówki. Tutaj dowiedziałeś się wszystkiego o różnych typach sokowirówek wraz z całym procesem, jak znaleźć najlepszą

www.ingramcontent.com/pod-product-compliance
Lightning Source LLC
Chambersburg PA
CBHW070348120526
44590CB00014B/1059